UN ENSAYO

CRÓNICA DE UNA PANDEMIA ANUNCIAD

JULIO PÉREZ SUÁREZ

UN ENSAYO

CRÓNICA DE UNA PANDEMIA ANUNCIADA

JULIO PÉREZ SUÁREZ

1ª Edición
ISBN 9798633867923
Julio Perez Suarez - Kindle Amazon.
Madrid España

La inacción puede matar, no solo al que decide no moverse, si no también aquellos que ignorantes de su destino, desconocen que llevan la muerte en sus pulmones, con tan solo una bocanada de aire en el lugar incorrecto. Este libro sirva como ejemplo de lo que no se debió de hacer. Vivimos en tiempos revueltos, en tiempos que la desidia nos corroe, en tiempos que la inacción mata, en tiempos que la envidia roba, en tiempos que.....

PRÓLOGO

«Una noche de muchas. De estas en cuarentena, mientras esperaba a que mi padre con casi 90 años, me pidiese ayuda para levantarse, como lo hace cada hora. Decidí por la indignación que sentía ante tanta impotencia, escribí este pequeño ensayo. Es mi atroz realidad, ante el pánico de una pandemia. Es como me siento, agredido por un gobierno inocuo que ha puesto en riesgo a los que somos asmáticos. A mis padres, que viven ya el final de su tercera edad. El miedo que viven mis familiares y en especial. El riesgo de los míos que se enfrentan a la pandemia en un hospital.

Pero al mismo tiempo, a todas aquellas que no han significado nada en mi vida, a ellas especialmente, les dedico este ensayo, porque seguro que han vivido mucho mas dentro esa realidad, al contrario de la que, yo he vivido, encerrado en mi casa. Con el terror cada vez que he salido a por comida y medicinas, que seguro ninguno ha vivido igual.

También a los que nada les importa, a los que les da igual, a los que creen que todo le da lo mismo, a vosotros os dedico este ensayo, porque sin duda, su desmotivación, mi intención no hubiera sido posible. ¿Sed de venganza? Pues si la verdad. ¿Odio? No tanto…Tan solo necesito desahogarme un ensayo que va a ser mi confesión y será seguro, mi salvación.

Y que sirva en un futuro como denuncia firme si la muerte me asolase en esta pandemia».

CAPÍTULO 1

¿CÓMO EMPEZÓ TODO? EL MANJAR QUE MATÓ AL PLANETA

*"Se conoce como **gula** ese mecanismo humano caracterizado por el apetito desmedido en el comer y el beber"*

El Covid-19 se identificó por primera vez el 1 de diciembre de 2019 en la ciudad de Wuhan, capital de la provincia de Hubei, en la China central, cuando se reportó a un grupo de personas con neumonía de causa desconocida, vinculada principalmente a trabajadores del mercado central de la ciudad de Wuhan, en China.

Pero, *¿porqué se cree que el virus empieza con una sopa de murciélago o del tierno pangolín?*.

La realidad es que los primeros 40 casos que se sepan a fecha de este reportaje, solo se conoce que eran vendedores de animales de todo tipo, entre los que figura los sospechosos. El murciélago viral en redes sociales de una chica asiática, no china, comiendo el animal en cuestión se ha quedado en la retina de todos los occidentales, sin una verdadera realidad de lo ocurrido. Y en otro aspecto, el pangolín por la sospecha que en agosto de 2019, se dejó de llevar a china como manjar. Algo que denunciaron muchas

ONG´s dedicadas al tráfico de animales, que sorprendidos vieron como se dejó de traficar con dicho animal. Uno de los que sostiene esta teoría es el archiconocido Frank Cuesta.

Hay teorías no confirmadas y sin contrastar que dicen que ya en agosto algunas personas en china sufrieron la epidemia, que se estaba expandiendo sin medida por el gran país asiático.

La realidad es que quizás podríamos decir que alguien, en su ansia por comer, por darse el gustazo de comer algo exótico, decidió hincar el diente a un animal, sin control sanitario y que evidenciaba la posibilidad de ser mutable en el ser humano. Todo era cuestión de tiempo. Puesto que los coronavirus son virus zoonóticos, esto es, pueden transmitirse entre animales y humanos.

Ahora bien, otra de las posibilidades es que, al manipular un animal que tenia el virus. Por razones desconocidas esas gotitas que se producen al estornudar o toser, pudieron desprenderse de uno de esos animales que estaban en ese mercado y volar hasta uno de los trabajadores que explotaban el tráfico de animales exóticos, para ingesta y sin control sanitario. Pero, todo esto es una especulación sin sentido, que al igual que otras pandemias globales, desconoceremos como empezaría todo. Mas aunque la realidad es que el virus pasó de un animal al ser humano.

Antes de terminar este capítulo quiero dejar claro que no hay detrás teorías conspiranoicas ni nada semejante. Es un hecho real que se había previsto y que ha ocurrido muchas veces a lo largo de la historia universal. Olvidaros de políticas internacionales o de espionaje de bombas virales de ejércitos chinos o norteamericanos. Científicamente está demostrado que es un virus de animales. No hay mas que objetar.

CAPITULO 2

CHINA SE CIERRA, ES COSA DE COMUNISTAS

*"La **Soberbia,** El orgulloso busca su propio honor y no la gloria **de Dios.**" Y mucho menos las de los demás*

Muchas veces, la ironía de la vida, tienen esquinas que son difíciles de prever que tendrán al dar la vuelta. Y en este capitulo hablaremos como el mundo contemplaba plácidamente en su sofá particular como los chinos intentaban reducir al diminuto genocida, confinando a millones de personas, con el único fin de evitar una expansión.

Entre tanto los telediarios se mofaban de aquello. Ridicularizaban con titulares la seria situación que enfrentaba el país asitico. Todo por vanagloriarse a ellos mismos, haciéndonos ver que aquellos no eran gente, eran memo, con ojos rasgados.

Sorpresa que pasado el tiempo, ahora lloran. Lagrimas de cocodrilo eso sí, que esos de compasión solo la de verse bien en todos los hogares y dar opiniones sin noticias. Pero de esto ya me explayaré en otro capitulo más adelante.

Hoy meses después de aquella situación todos sabemos lo que es el virus. Todos conocemos detalles, tratamos de comprender como se transmite y hacemos todo lo posible para evitarlo. Pero, el gigante estaba experimentando por primera vez. Ellos no solo se expusieron ante una crisis sanitaria, se exponían a una crisis económica, política y de fiabilidad internacional. Nos guste o no, son la fabrica del mundo. Y dependemos de ellos. Muy mucho.

El 30 de diciembre, un grupo de médicos del Hospital Central de Wuhan, liderado por el doctor Ai Fen, lanzó una alerta sobre un "coronavirus similar al SARS". Ocho de estos médicos fueron arrestados bajo la acusación de difundir falsos rumores. La razón, era que no se conocía nada sobre el virus, por lo que en cierta forma es normal que las autoridades les pusiesen en timeout. Mientras se investiga.

Tras el desarrollo de un diagnóstico concreto para detectar la infección, la presencia de SARS-CoV-2 fue confirmada en 41 personas del grupo de casos sospechosos en Wuhan. Las primeras muertes se registraron el 9 y 16 de enero de 2020, ambos hombres con edades superiores a los 60. La tercera muerte se reportó el 19 de enero de 2020 y tres más se agregaron el 21 de enero de 2020.

Pero lo peor estaba por llegar, cuando empezaron a presentarse muchos más casos, hasta verse obligados las autoridades a comprender que era evidentemente una pandemia que tenían que solventar.

Ya no era cerrar aquel mercado el 1 de diciembre de 2019. Ahora era cerrar una ciudad de muchos millones de habitantes, algo nunca visto en la era moderna en la que vivimos. Pero que empezó a tomar la atención en nosotros, con algunas lamentables situaciones como la xenofobia, la agresión, la descalificación y sobretodo la soberbia que he reseñado empezando este capítulo.

Vivimos una realidad desvirtuada sin comprender que aquello que en el viaje de Magallanes fue una proeza y que se tardó años en realizar, hoy en un vuelo de pocas horas, acorta distancias. Europa y América, despreció lo que estaba ocurriendo. Algunos propiciaron para sacar rédito en las elecciones, para hacer campaña contra sus adversarios. Para hacer su agosto particular.

Hoy aquellos que menospreciaban, han dado una lección de compasión y lealtad al todo ser humano, que en mi. Opinión les pone en la cabeza del mundo. A pesar que Trump se dedique a disminuir todo lo que venga de China. Sin comprender qué va a necesitar un milagro para alcanzar algo similar a Wuhan. Y posiblemente de las mascarillas hechas en china para evitar que su sistema sanitario privatizado y costoso que envió a 30 millones de estadounidenses fuera de la cobertura. Ahora va a comprender el porqué.

Pero la cuestión es ¿Cómo llega de china a España el virus? Quizás en la rueda de un avión, en un sobre de aliexpress, en un bolígrafo de marca alemana hecho en China. En el asiático que tiene la tienda de todo a cien abajo de casa. Todo se volvió conspiración. Y la desinformación nos volvió débiles, porque los políticos solo sacaron rédito de su vanagloria. A costa del contribuyente. Inclusive del fallecido.

Pero lamentablemente para los Españoles, la xenofobia sin sentido, jugaría una mala pasada cuando el primer infectado fuese un alemán, el segundo un inglés. Al final, fueron los que menos pensabais. Los que creías más limpios. Fueron los del Brexit y los de los recortes económicos.

CAPITULO 3

EL VIRUS EN ESPAÑA, LA NACIONALIZACIÓN DE UNA PANDEMIA

*"La **pereza** es un término que procede de pigritia, un vocablo latino. Puede emplearse para nombrar a la desidia o a la flojera que lleva a las personas a no poner empeño o a no desarrollar ciertas tareas que debería cumplir."*

Bienvenidos a la desidia. Una constante que los políticos españoles han practicado durante siglos. Antes señorios feudales, hoy cabezas políticas de sus propios cotos ideológicos, que velan mas por sus aparatos productivos particulares, que por el bien común del conjunto de la nación. Pero quiero acotar esta frase. "Haremos lo que sea donde sea y cuando sea". Por favor que no se os olvide.

Si usted decide importar un vehículo de estados unidos por ejemplo, tiene que pasar por una serie de trámites cada vez más burocráticos, con el fin de quitarle dinero a su inversión. En la época feudal se llamaba peaje hoy tasa de nacionalización del vehículo.

Pero, este virus no pasó por ese tramite, entró como elefante en una cacharrera, destrozando todo lo que encontró. Mientras el asesor sanitario especializado en estos problemas se mofaba de nosotros o con nosotros de aquella situación. Esto ultimo aun no lo tengo muy claro.

Aquellos casos importados por los socios europeos a la península. Eran casos aislados y sin sentido. Que no había porqué alarmarse. Además es una simple gripe que suele pasar tras unos días de confinamiento en los hospitales canarios y catalanes.

Y no hay vuelos directos entre España y China. Imagino que el presidente de AirEuropa al escuchar esta frase, pensaría que sus vuelos eran fantasmas recorriendo los cielos que nadie ve. Bueno seamos justos, quizás que Pedro y Pablo no ven. Pero para política ya hablaremos más adelante.

Desde el 31 de Enero cuando se dio el primer paciente con coronavirus en España, inclusive con el segundo paciente el día 8 de Febrero. Ya era evidente que acabaríamos en esta pandemia. Pero la flojera y la pereza de indagar un poco más fue lo que capturó a la opinión pública a la desidia. Fuimos sin duda reos de nuestra propia miseria periodística, nos gusta las poses del Ferreras y las batallitas que nos cuenta.

Mas aunque, la velocidad con la que se propaga el Covid-19 y las redes sociales es muy similar. Se habla que un paciente infectado acaba aportando 400 al cabo de un mes si no se tiene control de la pandemia. Quedaros con este dato, el 31 Enero ya teníamos cuatro alemanes qué volaron en un avión, que pasearon por un aeropuerto, que estuvieron en un hotel, etc. Dentro de un mes, el 31 Febrero ¿quién sabe cuantos infectados serán? ¿1.600 o más?

Pero hablemos del primer caso diagnosticado en España. Ese turista alemán que el Centro Nacional de Microbiología confirmaba en la Gomera, junto a otros cuatro compatriotas.

Que se habían infectado de otro ya en Alemania con síntomas. Llamada que nos hicieron para alertarnos.

Aquellos alemanes que se quejaron del trato recibido, del confinamiento en un hospital público que pagamos los españoles para que se quejasen. Y que además tuvieron la desgracia de convertirse en los primeros superesparcidores del virus letal en España.

Aunque sin duda existe la posibilidad que otros ya estuviesen haciendo la misma labor de esparcir el virus por la península.

Pero no hay dos sin tres. El 8 de Febrero salta otro paciente con Covid-19. A pesar de presentar síntomas leves, fue ingresado y aislado en el Hospital Virgen de Guadalupe de la isla canaria. El 14 de febrero fue dado de alta.

Pero la progresión del virus ya estaba descontrolada, puesto que llegaron más casos. Dias después dos casos más en la península de una italianas que querían saltarse el confinamiento y querían subirse al avión escapando de la policía. Además de los de Mallorca, Tenerife y luego Barcelona. Por lo que mientras Don Simón nos reía en la televisión, la progresión empezaba a progresar con miras a convertirse en pandemia.

Pero había una variable que no sé esperaban tener que afirmar los expertos. La globalización de la pandemia.

El **primer** caso de **Covid-19**, del 25 de febrero, es uno de los 3.000 ... ha experimentado Madrid desde que se diagnosticó al **paciente** cero hace ... El afectado, de 24 años, acababa de volver de un viaje por el norte de **Italia**. Si a casi un mes después de los turistas alemanes en la Gomera. Ya se predecían 3.000 casos. Lo que evidenciaba la necesidad de confinar al país.

Una ciudad es un factor multiplicador de una pandemia. Otra variable a tener en cuenta con un virus circulando por las calles, los bares, los restaurantes, los chiringuitos, las discotecas, los autobuses, los aeropuertos, las estaciones de metro. Era evidente que había que tomar la decisión de confinar. Pero la pereza de hacer las cosas, o simplemente la torpeza de los que toman decisiones ha convertido al corredor del Henares en la zona cero de Madrid en aquellos primeros meses. Pero ese puesto sería desbancado por el sur tras la Marcha del 8 de Marzo. Que para esto dedicaré un capítulo entero.

Ya era evidente que acabaríamos en esta pandemia. Y lo que denotó mucha mas previsión era la cancelación del Mobile World Congress el 12 de Febrero. Lo irónico es que la Unión Europea invitó a sus socios a tomar cartas en el asunto el día 17 de Febrero. Otra evidencia de lo que ocurría era la cancelación del Automobile Show de Ginebra el día 28 de Febrero. Pero el hombre empeñado en hacer una marcha politizada y además permitía los demás eventos.

Pero esta política del postureo, la prepotencia y la soberbia es lo que mas les pesa, son su baza y su prisión, sobretodo en los nuevos inquilinos de Moncloa y la Carrera de San Gerónimo.

Pero mientras los ciudadanos mirábamos a los chinos con la misma sospecha que decimos ellos tienen, utilizamos la ignorancia para que nos dominen y que nos mantengan sumisos ante las pretensiones de los que lideran estas campañas de los absurdo. De la xenofobia. De la incoherencia, esos que dicen amar a Cristo y mientras ponen el puñetazo con videos irreales.

Y los días pasaban y ellos encerrados en sus peleas de gallos en el congreso. Luciendo palabrería, charlatanería. Lo que mas resonaba era la pereza de no hacer nada. Su pantomima era la caja de Pandora que acabará con todo lo que se ha construido en 40 años. Estos niños estudiados y supuestamente preparados, han demostrado ser los ineptos del barrio. Son los más intransigentes de Europa y lideran la Champions de la desidia.

Digamos que hoy era 7 de Marzo. Habían transcurrido 19 días de la llamada de la Unión Europea a sus socios para prepararse para la pandemia. Mientras El duo dinámico Pedro y Pablo. Solo se pavoneaban de su grandeza, de su marcha.

Así se nacionalizaba el virus en España. Por la desidia de la incompetencia, y por estar solo mirando a colocar a dedo a los suyos. Para hacer la España que ellos querían no la que nosotros necesitábamos.

CAPITULO 4

8M LA CRIMINALIZACIÓN DEL DERECHO DE LA MUJER

*"Definición de **avaricia**. Del latín avaritia, la **avaricia** es el afán o deseo desordenado y excesivo de poseer riquezas para atesorarlas. Desde un punto de vista religioso se trata de un pecado y de un vicio ya que trasciende lo lícito y lo moralmente aceptable.."*

Desde hacia bastantes días, mucha gente se preguntaba qué pasaba con los políticos que solo hablaban de su marcha feminista, sin tomar en cuenta al nuevo componente de la sociedad española. El Covid-19. En este capítulo hablaremos en específico de la versión Madrileña. La capitalina, la de nación de naciones, la de todos y todas podemos.

Ya era habitual ver a Don Simón reírse en las comparecencias televisivas, que sostenía que el virus era de importación y aun no estaba nacionalizado porque no había pagado la tasa de nacionalización. Es decir, excusas poco científicas que muchos médicos ya alertaban a sus pacientes con ciertos riesgos a que tomasen precauciones. Mientras ellos se reían en la tele.

Pero antes de que me digan que hay muchos otros eventos, la razón del 8M no es el componente de sus declaraciones, que en mi opinión son válidas y tienen que tener cabida en la legislación. Es que sin duda demostrará que la pandemia se cernirá con los Madrileños a consecuencia de este evento. Porque decidieron obviar al intruso chino que estaba nacionalizado por un alemán, un inglés, un italiano y el joven madrileño de 24 años que había estado en el norte de Italia. Vamos una cosa menor.

Que desde el primer infectado oficial conocido en la península habían transcurrido 38 días unas 1.300 personas con patologías por el virus, que se desconocían todos a la fecha, pero sí sabíamos de los 17 fallecidos y 535 hospitalizadas.

Pero mas era el ansia de esta marcha. Se venia notando desde hacia tiempo en el gobierno. Inclusive la pelea entre los partidos que forman el estado. Por tener protagonismo, una que hizo la ley, otra que la organiza ella. El otro que la ley tiene flecos y hay que adaptarla a la justicia, uno que macho alfa, la otra que sola y borracha para casa. En fin todo un alarde de ambición, avaricia.

Mientras Europa tomaba otro derrotero, viendo que España e Italia hacia caso omiso a su llamada. El día 7 de Marzo, Alemania, Francia y Holanda, proceden a limitar el aforo de eventos multitudinarios a solo 1.000 personas.

Y llegamos al día de la marcha de las dos pandemias. La pandemia sociopática-política y las superspreaders que encabezado por las ministras encargadas en la tarea de esparcir unas a otras el virus.

No es cuestionable la consignas, la necesidad de una ley que proteja a la mujer. Eso es incuestionable. Lo que se pone en evidencia es lo que ocurrió en esa marcha y lo que acabaría produciendo. Ese maltratado nacionalizado que se cebó con nuestras chicas Madrileñas, que lo único que deseaban eran un día para ellas. Pero el gobierno les negó la seguridad sanitaria, el gobierno violentó una consigna llena de belleza y la transformó en un genocidio. El Gobierno se convirtió en verdugo de las mujeres. Solo por protagonismo, por avaricia. Por pretender amasar clientela. Pensando más en la España que ellos quieren, que en la que necesitamos.

Esas enfermeras en la marcha, esas cuidadoras en las residencias, esas amas de casa, esas trabajadoras, y todas aquellas mujeres que por derecho reivindicaron las calles como suyas imponiendo la alegría la solidaridad y la humanización de un problema que se perpetua en las sociedades en las que las mujeres son las más perjudicadas.

Pero ese virus es violento, no escatima a nada ni nadie. Y de aquellos 1.300 infectados, algunos se presentaron en esa marcha convirtiéndose en los superspreads del virus. Eso que temen tanto la virología. Allí entre la plaza de Cibeles, la Gran Via y la fiesta de batucada en la Plaza España. Se extendía sin control.

Ese mismo virus que tenia las ministras Irene Montero y compañía, que llevaría a tu casa, al trabajo y que desde hacía días se veía cómo crecía la mortalidad. Pero ellos empeñados cómo la avestruz. Queriendo obviar lo evidente.

Con qué solo hubiese 28 infectados en esa marcha y propagase cada uno una media de 1.000 personas, en 14 días rozaríamos los 28.000 infectados oficiales. Y así fué.

¿Cómo no se pudo haber evitado? ¿Cómo pueden decir que no pasaba nada? ¿Cómo pudieron mentir y ultrajar a la mejor parte de España, las mujeres?

¿Para ganar qué? ¿Muertes? ¿Supercontagiadores? ¿Crisis económica, social, política, sanitaria y laboral como nunca hemos vivido? ¿Una crisis severa de credibilidad? ¿Un confinamiento sin garantías para nadie? ¿Unas medidas arbitrarias y sin sentido que no amparan a nadie y mucho menos a los más desfavorecidos? ¿Dónde están los muertos? ¿Qué pasará con las familias afectadas? ¿Qué pasará con nosotros?

Si hubieseis pensado solo unos días antes. Hoy como mucho habríamos llegado a unos 20.000 infectados y muy pocos fallecidos. Pero la avaricia y la ambición de estos dos ególatras Pedro Sánchez Pérez-Castejón y Pablo Manuel Iglesias Turrión. Solo se mide en el tamaño de su ineptitud.

Dos días después se dignaron a limitar el aforo a 1.000 personas.

Que según ellos fue sugerido por los expertos. Los que nunca han aparecido. Debe ser una almohada en el Falcon y una llamada de Pablo Manuel Iglesias a Maduro. Experto en pandemia. Hay estudios matemáticos que cifran los infectados en esas fechas en 28.000 solo los asintomáticos.

Sí se pudo evitar.

CAPITULO 5

LA INDEPENDENCIA EN PERPIGNAN LA SUPER RAZA CATALANA Y EL VIRUS

*"Del latín luxurĭa, la **lujuria** es el **apetito desordenado e ilimitado de los placeres carnales**. El término suele estar asociado al deseo sexual incontrolable, aunque, en realidad, también permite referirse al exceso o demasía de otro tipo de cosas.."*

El apetito desordenado de Carles Puigdemont, es otra formula más, como aquellos que siente ser diferentes, de raza superior a la española. Acaban comportándose igual que los señoritos de Madrid.

Olvidaba comentar que son socios de gobierno en España y que les habían recibido en Moncloa como si fuesen el Presidente de Moldavia. Otro personaje que solo destila ego por sus palabras y lujuria en sus pensamientos ideológicos.

Tengo que ampliarles la información sobre cómo empezó todo en Catalunya. El 24 de Febrero la primera infectada es una mujer italiana de 36 años residente en Barcelona que había viajado durante 10 días a Milán y Bérgamo

Unos 25 contactos de la joven, en aislamiento. Y confiaban que este sistema de aislamiento en domicilio garantizaba que el intruso Español. Nunca Catalán se quedase en la República más corta de la historia del mundo. Pero que por la malversación de fondos. El expresidente y previsible reo. Reclama la Lucha definitiva contra la España que nos oprime. Claro era apenas 29 de Febrero. Solo 5 días antes había llegado la italiana a Barcelona y el virus era cosa de Españoles.

La razón de su incapacidad de empatía. Es la denominación de origen que supera con creces a la genética que compartimos Españoles e Italianos. Mas los Catalanes y en particular los de Gerona. Son muy superiores en todo. Otra cosa es cuando el inesperado Covid19.

200.000 cifraron los participantes de la marcha en la ciudad francesa. Con él propagador a cuestas en medio de todos ellos. Motivo por el cual Igualada y otras poblaciones lindantes se han visto afectadas.

Por otra parte hay fuentes que sitúan en 80.000 los que se presentaron con autocares que viajaron desde Catalunya al Rosellón Francés. Lo que obligó a activar un protocolo específico a las autoridades Francesas para contener este evento. Que se estima acabe poniendo en el mismo riesgo que la Comunidad de Madrid.

Por lo que, podríamos afirmar con rotundidad, que las formulas de Madrid y Barcelona. Y en este caso particular del baño de masas del expresidente catalanista Puigdemont son casi un copy paste.

Es decir, que ignorar al nuevo visitante acabó por hacerle daño a la población. Los barrios barceloneses de **Roquetes, Guinardó, Verdun y la Prosperitat** son los más infectados debido al coronavirus.

Retomando el encabezado que os reseñaba la extensión de este brote en Igualada, que ya decretó el cierre de sus escuelas, ha llevado a las autoridades a endurecer las medidas de cerrar equipamientos, centros de día y restringir visitas a geriátricos, además de suspender el transporte interurbano en los municipios de Igualada, Ódena y Santa Margarida de Montbui. Una de las primeras poblaciones en actuar ante la ola de casos que se han propiciado en esta locación Española. A pesar de su independentismo efímero y las creencias de razas superiores.

Imagino que ver la solidaridad de empresarios de toda España, para con ellos y con el resto del país les habrá abierto los ojos sobre la verdadera identidad de la Hispania. Sin olvidar a los Vascos con su pequeño reducto en Haro que acabaría por extenderse por Navarra.

Aunque es sabido de Mosos Independentistas que hasta reclamaban los respiradores manufacturados en Seat, para ellos mismo, solo por el hecho de estar hechos en Martorell. Con dinero Español y Alemán, además de materiales de todos los rincones de la península ibérica. Pero, cuando tienes por visión tan reducida en la vida, solo lo que ocurre hasta donde alcanza tu visión, es muy factible equivocarse.

Una noción que hemos vivido todos desde el confinamiento, porque la realidad nunca llegamos a vivirla, nos fué vetada por supuesta sensibilidad pública. Esa misma que se aprovecha para cobrar el 3% del Pujol. O los eres, los sobres, un paseo por barajas con una narco-dictadora o cualquier situación inevitable que hemos visto a través del periodismo. Y bueno todas esas situaciones que ocurren habitualmente en la España.

Mas esta fue difícil de comprender por la escasa información que se nos ofreció para dejarnos ciegos ante una ola de realidad llamada Covid-19 y mas de 100.000 infectados oficiales.

CAPITULO 6

COMPRANDO LA ENVIDIA CON LA DEMAGOGIA Y HONORABILIDAD.

*"La **ira**, cólera, rabia, enojo o furia es una emoción que se expresa a través del resentimiento o de la irritabilidad..."*

Que pasa cuando la envidia se convierte en ira, en esa sensación desmedida que quebranta la lógica, el sentido común, la posibilidad del entendimiento y destierra la razón para imponerse a cañonazo limpio el antojo irascible que vive ese ser que acobija esta emoción.

Que pasa si esa emotividad, queda hincada en la ideología que desea hacer de lo privado para convertirlo únicamente en lo público. Cuando sea como sea, el deseo es convertir todo en una estado soviético, al estilo de aquella Rumanía del Nicolae Ceaușescu. Donde el terror, primaba sobre la protección de lo privado.

La cuestión es si esta campaña politizada de los privado y lo publico tiene cabida en una crisis de semejante calado como la Española. Que antes de esta evidente crisis sanitaria. La desaceleración se evidenciaba en todos los sectores. Pero un personaje que tiende a la agresividad de sus palabras a la hora de hablar de lo privado, es evidente que toparse con sus antagónico realizando verdaderos gestos de honorabilidad, humildad y de empatía por lo publico y lo privado. Primando a las personas y no al estado. Demuestra que las tesis trasnochadas del Bolchevique Pablo Manuel Iglesias Turrión. No son más que asesoría sin sentido que emiten por emails y WhatsApp desde Miraflores en Caracas.

Que una de las fortunas mas grandes del mundo, en plena crisis china pusiese a disposición de Wuhan la capacidad productiva, fue mas que un gesto. Pero que los sanitarios Madrileños en particular y todos los españoles en general recibiesen por pequeña o grande que sea, mascarillas y material para su labor de este gallego universal. Deja sin duda alguna muy mal parada las tesis de los ineptos políticos que solo tienen formulas de lo acontecido en el pasado. Sin comprender las necesidades de la población a día y fecha del conflicto.

Irónicamente, la crisis tenia como piedra angular, la necesidad de material de una bioempresa tecnológica en china. Una empresa del sector privado, que estuvieron cuatro días en la puerta de Moncloa esperando por el presidente para entregarles el mejor material que podrían tener para contener esta crisis sanitaria. Material sencillo, practico y relativamente económico para el coste financiero que se requiere en una contención como esta. Esa misma empresa que desarrollaba las denominadas EPI´s que protegen a los sanitarios. Esa crisis por comprar a ultima hora, demuestra que la ineptitud de los políticos en centrar solo su discurso en el progresismo, en la empresa publica, en hacerse con todo el poder económico que cada uno ha podido lograr con sus ahorros, con su esfuerzo, con su sudor.

Pero este Bolchevique pretende hacerse con todo eso, tan solo con un decretazo y sin hacer mucho. Pero que podemos esperar de un hombre que ha estado financiado por el sistema, que su vida se ha compuesto en recibir con precisión del estado su nómina y que solo conoce ese aspecto en la vida. Es normal que tenga cólera por aquellos que salen todos los días a buscarse la vida y si tienen suerte, logran triunfar.

Pero ¿es acaso este personaje el único que siente ira ante la circunstancias?. Pues podemos afirmar que en general la mayor parte de la población nos hemos sentido desprotegidos por la inacción, la ineptitud, lo tardío de las reacción y las mentiras que se han colado en medio de todo este desastre.

Desde la manipulación de los datos de las personas infectadas y fallecidas entre los días 7,8 y 9 por la mañana. Pasando por la vergüenza de comprar material sanitario de muy baja calidad por acuerdo comerciales que benefician únicamente al asesor comercial de la embajada española en china. Ese ahora famoso. Un tal Aitor.

El problema de pensar que todos podemos ser distintos, pensar distinto y ser diferentes en acciones, pensamientos y religión. No comulga con la realidad del manejo del estado en una crisis. Es cuando verdaderamente la centralización del sistema debe brillar por su capacidad, su potencial y velar por esparcir la seguridad que requieren todos los ciudadanos del estado, inclusive aquellos mas desvalidos en la circunstancias de una pandemia de calado global.

La visión del nación de naciones quedó completamente destruida ante la ola pandemia que sobrepone las capacidades del sistema y pone en jaque la validez de los gobernantes. ¿Cómo es posible que los presidentes autonómicos tengan la necesidad de ser corroborados por la centralidad del estado para tomar cartas en una pandemia? ¿Cómo la Agencia encargada de este aspecto no se dedicó a realizar protocolos de actuación e informarlos a cada parte para que sepan su rol en una problema de semejante calado?

Pero que podemos esperar de una estado que para ayudarte a pagar el alquiler te da un crédito sin intereses. Ahora en vez de llamar a Cofidis, Llamaremos a Los Picapiedras. El Pedro y El Pablo. Los mismo que tardaron 56 días en comprar material para nuestros enfermeros, médicos, celadores, policías, guardias civiles y militares.

Menos mal que fue una pandemia y que lo que necesitábamos para esta guerra eran trajes, guantes y mascaras, como fuese un conflicto bélico, fliparía de cómo tomaría la decisión de ir a la guerra, enviado a los militares con lo puesto. Ropa de calle y sin una sola bala.

Otra de las circunstancias que se han dado que molesta, son los slogan politizados en momentos como estos. El Haremos lo que sea, cuando sea y como sea. Se ha convertido en una frase ñoña y de un neófito. Porque ser pretencioso sin tener cubierto las circunstancias de semejante estamento, es digno de un incompetente inepto.

Esta crisis nos ha demostrado en esta primera ola, que tenemos un gran personal sanitario, con una determinación por las personas que allí llegan, que llena de honra, valor, gallardía como nunca se vio en toda la historia. Aquella expedición Balmis con la enfermera gallega, quedaría atónita ante la voluntad de cada persona que compone la sanidad pública y privada.

Sin olvidarnos de la Policía, la Guardia Civil, El Ejercito. Las cajeras de los supermercados y los reponedores, los transportistas, los agricultores y ganaderos que hacia unas semanas el Pablito os cerraba la puerta en la cara.

Mi mayor abrazo, mi mayor aplauso, mi mayor esfuerzo por seguir pagando vuestra gran labor.

CAPITULO 7

LAS MEDIDAS CORTAS PARA INEPTOS Y LARGAS PARA BOLCHEVIQUES

*"**La envidia** es un sentimiento o estado mental en el cual existe dolor o desdicha por no poseer uno mismo lo que tiene el otro, sea en bienes, cualidades.."*

El virus nacionalizado, se ha dado el lujo de no solo llevarse por delante a mucha gente, si no de ser capaz de paralizar un sistema productivo.

Nada había sido capaz de cerrar la bolsa, empresas de construcción, textiles, gigantes como Amazon, pequeñas empresas de barrio, Inmobiliarias, autónomos de toda clase y genero, petroleras, energéticas y empresas de servicios a medio gas. Quizás los peor parados son el sector turístico que la imposibilidad de operar al menos durante estos próximos periodos de olas que se discurrirán durante el año y medio que discurrirá, hasta que se encuentre una vacuna. Son los más vulnerables y que además se reflejarán en la gran cantidad de parados que tendremos y junto a la problemática que se incrementará con ello. Pero, lo que jamás imaginé es ver un portaaviones de los norteamericanos parado en puerto por qué su tripulación están enfermos.

Pero ¿qué tiene que ver todo esto con la envidia? Bien quizás con la incesante voracidad con la que el socio de gobierno y sus convergencias insisten en apoderarse del sistema para nacionalizar todo cuanto les parezca. La banca, las energéticas y todos los sectores que les apetezca en su apetito desmedido, engendrado en la envidia. Quizás motivado por su incapacidad de ser productivos y sin duda ser la rémora que vivió en simbiosis con el sistema. Que a pesar de criticar, pretenden convertirse en el tiburón antisistema en un tiempo revuelto, con supuestas teorías de revolución trasnochada.

Cada semana, de forma intermitente hemos presenciado cómo su discurso demagógico se ha invocado como si fuese el mantra de la verdad. Pero al mismo tiempo, aquellos que envidian y señalan como la escoria que reparte miseria. Les han dado lecciones de humildad y empatía que ellos mismo desechan en sus discursos.

Un Amancio Ortega, dando lo mejor de si, Un diseñador como Valentino ofreciendo un millón de euros para poner el marcha el mayor hospital de campaña de España (EL IFEMA) que sistemáticamente buscaron la formula para denostarlo, desprestigiarlo con la intención única de sacar rédito político. Y es que cuando el dolor de la envidia te corroe, no piensas en sumar, no piensas en los que lo necesitan, solo piensas en tu egocentrismo fatuo.

Es irónico, que siendo gobierno no se diesen cuenta de sus errores, que no pidiesen disculpas por ello. Que siquiera buscasen solventar la situación. Solo se quedaron en campaña política. Es decir, en mi opinión las lechugas y las berenjenas se quedaron con la propaganda electoral y olvidaron a sus votantes y en general a sus ciudadanos.

Cuando me refiero a lechugas y berenjenas, no son más que Unidas Podemos y VOX. Unos por la demagogia bolchevique y lo otros con la intención de hacerse herederos de un régimen ya vencido.

Y así como he comentado sobre los desmanes de Podemos. Es evidente que la soberbia de los de VOX ante la negación a rebajarse el sueldo. Retrata muy mucho lo que son ellos mismos.

Esos cotos políticos absurdos, pero para hablar sobre esto habría que hacer un libro prácticamente exclusivo, no solo por lo complejo, sino también por todo lo que han hecho todos los partidos políticos en este tema.

Es necesario no olvidarnos que la envidia de cómo se está gestionando todo desde la Comunidad de Madrid en algunos aspectos, también está generando una voracidad por parte de los detractores del Partido Popular, que raya lo absurdo. Criticando el IFEMA para luego ser elogiado por la OMS.

Así mismo, esa voracidad de Podemos por hacerse con lo público es sin duda el talón de Aquiles que se resiente, cuando Los socios de Madrid. PP y Ciudadanos, anuncian que cubrirán las cuotas de autónomos de los madrileños mientras dure la crisis.

Otra de las cuestiones es la habilidad del Sumajestad el Rey, hablando telefónicamente con Trump para pedir respiradores y consiguiendo una pequeña aportación que salvará 50 vidas. Mientras las formulas cómo gestionan la crisis el bipartido, deja tanto que desear, que hasta Turquia se ha dado e lujo de incautar material comprado por España en una avión militar español. Y la reacción de ellos es, bueno lo damos por perdidos, en lugar de presentar una queja contundente utilizando la diplomacia y los organismos internacionales.

Esa inacción ante circunstancias como estás, reflejan la incapacidad que se ha evidenciado una y otra vez en la crisis. Los que se denominaron con certificación de origen progresistas, resultaron ser una pandillita de chavales que no tienen ni idea de cómo resolver el problema en que estamos metidos. Por ello en las comparecencias del Presidente Pedro Sánchez Pérez-Castejón. Copian los discursos del expresidente George Bush hijo. Porque quizás quisiesen ir a la guerra antes de enfrentarse a una pandemia.

Quizás envidian tomar la acción de ir a la guerra sin mascarillas, trajes o gafas. Quizás preferirían poner a los soldados en los tanques, las fragatas, en los aviones y olvidar comprar combustible para utilizarlos. Es sin duda, como me dijo una vez mi padre:

- ¿Te gusta ese Ferrari Testarrosa? Quizás podrías comprarlo algún día. Pero tienes que pensar que no es solo lo que cueste el coche, es el mantenimiento, la gasolina, las ruedas, el garaje para guardarlo y todo lo que conlleva tener un cochazo como ese. Por eso, el día de mañana piensa que lo que compres no es solo que te guste, es también que te sea útil.

Quizás tener un sistema energético publico suene bien, pero si no podemos ponerlo a funcionar, mal asunto. Y ni hablemos de un sistema sanitario en la Champion del mundo mundial y que carece de mascarillas, trajes y gafas para su personal.

CONCLUSIONES GENERALES:

Si a las marchas y eventos del 8 de Marzo se les pidiese a la gente que hubiese llevado mascaras, el resultado sería completamente diferente. Solo con ese gesto se podría haber evitado muertes, infecciones y sobretodo una caza de brujas que con todo el sentido, los afectados y los que observamos con lupa lo ocurrido no podemos dejar de criticar. Sustituyendo al discurso del bueno si hubiese sido otro pasaría lo mismo. Si el 1 de Marzo, se le hubiese pedido a las residencias que tomasen medidas de precaución severas ante la posibilidad del virus. Se hubiese evitado este episodio lamentable.

La inópia del gobierno se ha traducido en miseria colectiva, una eutanasia lamentable para nuestros mayores. En mi opinión un genocidio por ineptitud operativa del gobierno bipartidista.

Hay estudios que reflejan que la diferencia entre usar mascaras y no utilizarlas en la calle. Multiplica o reduce según en caso las posibilidades de infectarse que exponencialmente se reflejan en un numero importante puesto que pone en riego de contagio un ciudadano. Entorno a 50 veces más sin mascarilla.

Pero se han pagado supuestas campañas científicas únicamente para poderle ver la cara a la gente. Ha primado la seguridad jurídica, sobre la seguridad sanitaria.

Ha primado la inacción a la comprensión. Era más rentable para el Partido Socialista Obrero Español, pagar la campaña de *#unidosparamosestevirus* a la empresa de marketing del amigo del amigo del amigo colocado que les dará mordidas a cada uno a costa de las muertes de los demás. Que la eficacia de un gesto sencillo. Pedir a la población que se hagan sus mascaras con el fin de contagiarse unos a otros. Gestos sencillos en una guerra que no requiere estrategia compleja. Solo gestos pequeños.

Resolver la situación con objetividad y explicando lo que ya pronunciaban los expertos sanitarios chinos sobre la cuestión de cómo manejar esta pandemia. No era complicado, lavarse las manos, evitar las aglomeraciones, entender la seguridad de la persona, de las familias, de los compañeros de trabajo. No es difícil de comprender.

Es decir, esta guerra contra la pandemia. Si es ese el símil al cual vamos a referirnos a como enfrentarnos a la realidad de una partícula que nos está poniendo en jaque. Tenia la mejor y más sencilla formula de destruirlo.

Era el sentido común. Que en el congreso, el senado y en la presidencia de gobierno se convirtió en el menos común de los sentidos. De sus señorías.

ACERCA DEL AUTOR

Un empresario y autónomo, afectado por la crisis política que se inició en Junio de 2018. Exponenciado en Noviembre de 2019. Incrementada en Marzo de 2020. Y quién sabe que sea en el futuro.

Me he dedicado al sector inmobiliario durante años, en la compra-venta y alquiler de propiedades, así como el interiorismo y las reformas. Sin ser una persona que destacase en nada.

Este ensayo no es mas que mi opinión desde mi punto de vista. Desde el prisma que me ha tocado vivir.

OTROS TÍTULOS QUE LE PUEDEN INTERESAR.

Disponibles en Kindle Amazon.

Hispania Cicloturismo, Un paseo en bicicleta por la península ibérica. Es una guía básica y elemental para viajar en bicicleta, es sin duda una experiencia que te conecta con el entorno y contigo mismo.

La Caspa, La Casta y La Banca aborda los problemas políticos que se administraron en la crisis del 2008, lo errores y la problemática de la política de castigo del electorado.

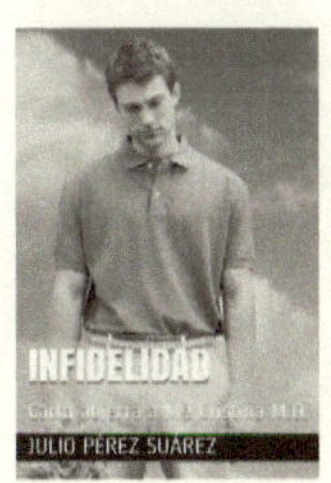

Infidelidad, carta abierta a Mª Cristina, es una novela sicológica que demuestra como una relación tóxica puede convertirse en un serio problema para las dos partes que sufren sus heridas.